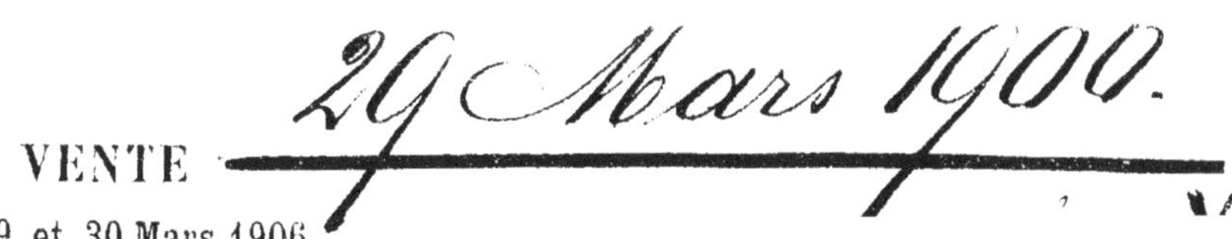

VENTE

Des 29 et 30 Mars 1906

HOTEL DROUOT SALLE N° 1

A 2 HEURES

IMPORTANT

Mobilier Artistique

de Styles Renaissance, XVIIe & XVIIIe Siècles

TABLEAUX - OBJETS D'ART

TAPIS D'ORIENT

EXPOSITION PUBLIQUE

Le Jeudi 28 Mars, de 2 heures à 6 heures

Me LAIR-DUBREUIL, Commissaire-Priseur

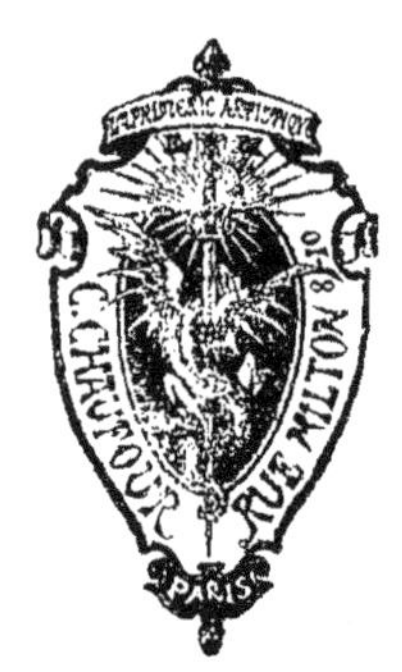
RUE MILTON
PARIS

CATALOGUE

D'UN

IMPORTANT

MOBILIER ARTISTIQUE

de Style Renaissance, XVIIe et XVIIIe Siècles

Beau meuble en bois de violette. Style Louis XV
de Drouart

Consoles, Table, Vitrine. Bureaux, Glaces en bois doré
et marqueterie de bois

Ameublements de Salle à manger et de Chambre à coucher en noyer sculpté, Crédences, Billard, Table-billard, Piano, Coffre-fort de Fichet, etc.

SIÈGES

en bois sculpté et en bois doré, garnis en soie

BRONZES D'ART & D'AMEUBLEMENT

Belle garniture de cheminée de Barbedienne
Groupe, Lustres, Suspension
Appareil d'éclairage pour billard, Galeries de foyers

FERS FORGÉS, CUIVRES, ETAINS

MARBRES – TERRES CUITES – CIRÉS

Bustes, Groupes, Vases

Tableaux, Porcelaines, Faïences, Verreries

RIDEAUX, TENTURES, TAPIS D'ORIENT

DONT LA VENTE AURA LIEU

HOTEL DROUOT — SALLE N° 1

Les Jeudi 29 et Vendredi 30 Mars 1906

A 2 HEURES

Par le Ministère de Me LAIR DUBREUIL, Commissaire-Priseur
6, Rue de Hanovre, 6

EXPOSITION PUBLIQUE

Le Mercredi 28 Mars 1906, de 2 heures à 6 heures

CONDITIONS DE LA VENTE

Elle sera faite au comptant.

Les acquéreurs paieront *dix pour cent* en sus des enchères.

L'exposition mettant le public à même de se rendre compte de l'état et de la nature des objets, il ne sera admis aucune réclamation une fois l'adjudication prononcée.

grand buffet vaissellier, la partie supérieure à voussure supporté par des colonnettes cannelées. Un buffet à deux corps partie vitrée. Une table carrée. Une servante à étagère et quatre chaises garnies en cuir décoré genre de Cordoue. De la maison DROUARD.

9 — Beau lit à colonnes en noyer sculptéet cirédе style Louis XIII, baldaquin orné d'une bande de tapisserie. Avec son sommier.

10 — Grande armoire en noyer sculpté et ciré de style Louis XIII, ouvrant à trois portes garnies de glaces biseautées extérieurement et intérieurement.

11 -- Table billard en chêne, de Pallisson. et ses accessoires.

12 — Beau billard en chêne sculpté et ses accessoires.

13 — Grande toilette-lavabo en bois sculpté décorée de personnages, d'oiseaux et de fleurs en laque, nacre et matières diverses appliquées, la partie supérieure à glace biseautée décorée de dragons sculptés et dorés, dessus en marbre onyx. Style Chinois.

14 — Grande armoire à une porte à glace biseautée et étagères sur les côtés, de même travail et de même style que la toilette.

15 — Crédence en noyer sculpté et ciré ouvrant à deux vantaux séparés par un écusson armorié, posant sur deux pieds balustres. Style Renaissance.

Parties anciennes.

16 — Crédence basse en noyer sculpté. Style gothique.

Parties anciennes.

17 — Crédence en noyer sculpté de style gothique.

18 — Console d'angle en bois sculpté et doré. Style Louis XVI. Bandeau à rosaces et guirlandes de fleurs, dessus en marbre blanc.

19 — Console d'angle en bois sculpté et doré bandeau grillagé, dessus de marbre. Style Louis XV.

20 — Table en noyer sculpté et ciré. Style gothique.

21 Grand bahut en bois sculpté et guilloché, ouvrant à deux vantaux décoré de colonnes à chapiteaux. Travail flamand. XVIIe siècle.

22 — Glace longue, cadre en bois sculpté et doré, d'époque Louis XVI, décoré de vases et de cariatides.

23-24 — Deux grandes glaces biseautées, cadres en bois sculpté et doré à fronton. Style Régence.

25 — Grande glace biseautée cadre en bois sculpté et doré à guirlandes de fleurs, fronton à figure d'enfant et rocailles. Style Louis XV.

26 — Grande glace cadre doré. Style Louis XIII.

27 — Piano droit en palissandre.

28 — Lit de milieu en palissandre sculpté; montants à colonnes cannelées, panneaux décorés de sujets galants genre vernis Martin. Style Louis XVI.

29 — Table de chevet forme ovale en acajou ornée bronzes; dessus en marbre. Style Louis XVI.

30 — Meuble vitrine en acajou et bois rose. Style Anglais.

31 — Guéridon en acajou, d'époque Louis XVI, dessus de marbre brèche d'Alep à galerie de cuivre.

32 — Table-bureau forme Louis XV sur quatre pieds cambrés, à ornements et bordure en bronze ciselé; dessus en maroquin.

33 — Console d'applique en palissandre à dessus de marbre vert, décorée d'une cariatide de femme en bronze ciselé et doré.

34 — Table à développement en noyer, supportée par quatre colonnes; piétement feuillagé à balustres ajourés.

35 — Console d'applique formant niche en noyer sculpté incrusté de plaques de marbre; cul-de-lampe ornementé.

36 — Paire de colonnes en noyer sculpté et ornements en cuivre découpé.

37 — Table en noyer sculpté à développement posant sur sept pieds à colonnes. XVIe siècle.

38 — Grande armoire à trois vantaux en noyer sculpté et ciré. Style Renaissance.

39 — Deux coffres-forts de Fichet superposés, dans un meuble à deux corps en noyer sculpté et ciré, de style Renaissance, ouvrant à quatre portes décorées de figures et d'ornements en relief.

40 — Lit en bois peint blanc époque Directoire.

41 — Grande table en bois laqué blanc. Style Louis XVI.

42-43 — Deux armoires en bois laqué blanc ouvrant à une porte garnie de petites glaces.

44 — Table à jeu en thuya.

45 — Table rognon et table étagère en acajou.

46 — Grande jardiniere en noyer sculpté et ciré. Style Renaissance.

47 — Table à thé en bois sculpté et gravé de style Chinois.

48 — Table pliante en bambou, plateau en laque décorée.

49 — Grande armoire garde-robe en chêne ouvrant à quatre portes dont deux à glaces biseautées et entièrement recouverte de toile brodée à fleurs, oiseaux et insectes.

50 — Table en bois noir à étagères à fonds de glaces supportées par quatre pieds de biches en bronze.

51-52 — Deux glaces porte-manteaux et deux porte-parapluies en noyer ciré.

53 — Lit de milieu en palissandre ciré. Style Louis XV.

54 — Table de nuit en palissandre.

55 — Grande toilette en bois noir dessus de marbre blanc surmontée d'une glace.

56 — Table de toilette garni en toile brodée.

57 — Etagère d'applique en acajou sculpté décoré de peintures ; oiseaux sur fond d'or.

58 — Grande armoire garde-robe en chêne à quatre portes à coulisses.

59 — Armoire à trois portes en chêne.

60 – Ecran en bambou feuille en soie de Chine brodée.

SIÈGES

61 — Bergère, en bois sculpté et doré. Style Louis XV garnie en brocart à fleurs sur fond gris. De la Maison DROUARD.

62 — Fauteuil marquise en bois sculpté et doré de style Louis XV, garni en soie brochée à guirlandes de fleurs sur fond crême. De la Maison DROUARD.

63 — Canapé confident en bois sculpté et doré de style Louis XV, garni en brocatelle à fleurs et festons sur fond vert bronze.

64 — Grande bergère en bois sculpté et doré, relevé de peinture et garnie en soie brochée à fleurs et draperies.

65 — Bergère en bois laqué blanc d'époque Louis XVI garnie en velours mauve.

66 — Bergère en bois sculpté et doré style Louis XV garnie en brocatelle fond vieux rose.

67 — Grand canapé en bois sculpté et doré garni de canne. Style Régence avec têtière en soie brochée.

68 — Deux fauteuils en noyer sculpté de style Louis XIII, garnis en tapisserie au point et au petit point, bordure à franges de soie rouge.

69 — Chaise en bois sculpté et doré de style Louis XVI, dossier à palmes, garnie en soie brodée de bouquets de fleurs en relief. De la Maison Jansen.

70 — Tabouret en noyer sculpté couvert en soie brochée à fleurs. Style Louis XVI. De la Maison Drouard.

71 — Deux chaises en bois sculpté et doré de style Louis XV, garnies en soie rayée fond crème, brochée de fleurs.

72 — Tabouret en bois sculpté et doré de style Louis XV, garni en tapisserie au petit point à corbeille et guirlandes de fleurs.

73 — Stalle en noyer sculpté à voussure, décor de voiles et de palmes. Style xve siècle.

74 — Fauteuil Régence en bois sculpté et doré garni de canne avec coussins en drap et broderie métallique.

75 — Fauteuil bas, en bois sculpté et doré garni de canne style Louis XVI, avec coussins en soie vert d'eau.

76 — Fauteuil Louis XVI en bois sculpté et doré garni en soie vieux rose.

77 — Quatre chaises en chêne sculpté. Style xviie siècle.

78 — Fauteuil en noyer sculpté de même travail.

79 — Deux chaises en bois sculpté et doré Louis XV garnies en soie.

80 — Deux chaises en acajou sculpté et ciré, dossiers à lyre. Style Louis XVI.

81 — Deux fauteuils Louis XVI en bois peint blanc garnis en cretonne.

82 — Tabouret en noyer sur huit pieds à colonnettes.

83 — Petite chaise en noyer de style Louis XIII garnie en ancienne tapisserie.

84 — Canapé en bois laqué blanc, style Louis XV, garni en cretonne à fleurs.

85 — Six chaises en bois sculpté laqué blanc de style Louis XVI, garnies en cretonne fond rouge.

86 — Deux petites chaises en chêne sculpté d'époque Louis XIII.

87 — Deux chaises en noyer sculpté style XVIIe siècle garnies en cuir.

88 — Six chaises en bois sculpté Louis XIII, garnies en velours brun à bandes d'ancienne tapisserie.

89 — Deux fauteuils en noyer sculpté. Style xve siècle.

90 — Tabouret en chêne sculpté d'époque Louis XIII, garni en ancienne tapisserie au point.

91 — Bois de fauteuil et bois de chaise laqués blanc. Style Louis XV.

92 — Deux chaises en bois laqué blanc style Louis XVI, garnies en velours brun.

93 — Deux chaises en noyer sculpté et bois noir, coussins en velours brun.

94 — Deux chaises en chêne sculpté style Louis XIII, garnies en velours vert ciselé.

95 — Fauteuil et deux chaises en noyer sculpté et velours rouge galonné jaune.

96 — Banquette en bois laqué blanc couverte en velours frappé rouge.

97 — Tabouret de piano bois noir et tapisserie.

98 — Deux chaises basses garnies en toile brodée.

99 — Grand divan en peluche rouge.

100 — Chaise longue garnie en velours dit de Gênes.

101 — Grand canapé garni en soie et peluche rouge

102 — Deux fauteuils confortables en velours vert ciselé.

103 — Grand pouf garni en cretonne.

104 — Tabouret de pieds en tapisserie.

105 — Chaise chauffeuse en bois noir et tapisserie.

106 — Chaise basse en palissandre sculpté, garnie en toile brodée.

107 — Deux petites chaises de coin foncées de paille.

108 — Fauteuil confortable en maroquin rouge.

109 — Literie et meubles courants.

BRONZES — FERS — CUIVRES

110 — Belle garniture de cheminée en bronze doré de style Renaissance composée d'une pendule d'aspect monumental finement ciselée et de deux candélabres à tiges ciselés à jour garnis de cinq lumières décorées en relief de têtes de béliers et de guirlandes de fruits. De la Maison BARBEDIENNE.

111 — Statuette en bronze : Fauconnier oriental de P.-J. MÈNE.

112 — Lustre en bronze ciselé et doré de style Louis XVI tout garni de cristaux taillés.

113 — Suspension de salle à manger en bronze poli, style XVe siècle, à dix-huit lumières. Système à gaz.

114 — Garniture de cheminée en bronze doré composée d'une pendule et deux candélabres.

115 — Appareil d'éclairage pour billard en bronze oxydé disposé pour l'électricité, de la maison PARVILLIERS.

116 — Paire de candélabres à cinq lumières en bronze argenté disposées pour le gaz.

117-118 — Deux lustres à gaz forme lampes juives.

119 — Encadrement en fer forgé à rosaces dorées.

120 — Lanterne de vestibule en fer, suspendue à une potence, système à gaz.

121 — Paire de grands landiers en fer forgé à potences mobiles avec pelle et pincettes.

122 — Paire de grands chenêts en bronze poli, style XVIe siècle avec barre de foyer, pelle et pincettes en fer.

123 — Ecran bannière en fer feuille en ancienne soie rouge brodée.

124 — Pendule en bronze et bronze argenté à figure de femme, socle en marbre vert de mer.

125 — Plat en étain repoussé à figures d'amours supportant ses attributs. XVIIIe siècle.

126 — Paire de vases en bronze style antique, décor en relief.

127 — Deux plats et un bassin creux en cuivre repoussé.

128 — Grand plat ovale en cuivre repoussé.

129 — Paire de chenêts forme carquois en bronze doré.

130 — Galerie de foyer en bronze doré à cariatides de femmes.

131 — Deux petits candélabres à quatre lumières en bronze doré sur trois pieds à griffes.

132 — Paire de bouts de table à deux lumières en bronze doré, style Louis XV.

133 — Deux jardinières de forme surbaissée en cuivre, anses à mufles de Lions et anneaux mobiles.

134 — Jardinière octogonale en bronze chinois.

135 — Paire de chenêts forme brûle-parfums en bronze doré. Style Louis XVI.

136 — Paire de chenêts à cariatides de femmes en bronze doré. Style Louis XVI.

137 — Paire de chenêts en bronze doré style Louis XVI.

138 — Fontaine d'applique et son bassin en cuivre.

139 — Quatre porte embrasses en bronze doré à têtes de satyres.

140 — Paire de flambeaux en bronze.

141 — Plateau en métal peint formé d'une feuille supportant deux oiseaux.

142 — Petite paire de balances à tige en fer supportant deux petits seaux en cuivre.

143-144 — Deux pare-étincelles forme éventail en bronze doré.

145 — Deux chenêts en fer, boules en cuivre.

146 — Deux plats ronds en cuivre repoussé.

147 — Flambeau en fer découpé.

148 — Encrier en bronze doré. Style Louis XVI.

149 — Lampe en verre bleu sur trépieds en bronze argenté de style Louis XVI.

150 — Lampe en bronze et faïence modern-style.

MARBRES

TERRES CUITES — CIRES

151 — Paire de beaux vases Louis XVI en marbre, fleurs de pêcher à côtes tournantes, anses formées par des Sirènes en bronze doré, surmontés de bouquets de fleurs à sept lumières. Travail de Beurdeley.

152 — Buste de Diane, en marbre blanc, d'après Houdon.

153 — Groupe en terre cuite : Fillette et amours, de Gustave Moreau.

154 — Paire de grands vases en marbre avec bouquets de lumières en bronze.

155 — Deux statuettes d'anges à genoux en terre cuite.

156 — Lampe à colonne en forme d'urne en marbre.

157 — Buste de jeune homme coiffé d'une toque rouge, en cire minérale peinte.

158 — Buste de jeune homme revêtu d'une armure. Cire.

159 — Cinq bustes ou groupes en cire polychrome.

TABLEAUX

AQUARELLES — DESSINS

BESNARD (A.)

160 — Baigneuses.

Dessin.

ÉCOLE FLAMANDE

161 — Intérieur de ferme.

ÉCOLE FRANÇAISE

162 — L'Amour aux balances ; l'Amour au chat.

Deux dessins.

ÉCOLE ITALIENNE

163 — Paysage avec ruines et personnages au bord d'une route.

Dessin à la sépia rehaussé de couleur.

ÉCOLE MODERNE

164 — Paysage avec figures et animaux.

165 — Chaudrons et légumes.

166 — Vue d'Orient.

Cadre sculpté et doré.

ÉCOLE FRANÇAISE XVIIIe SIÈCLE

167 — Portrait de femme en robe bleue.

Pastel.

GAVARNI

168 — Jeune Normande.

Dessin rehaussé d'aquarelle.

H. G.

169 — Joueur de pipeaux.

Dessin.

HODGKISS

170 — Pifférari.

171 — L'Odalisque.

LALOUE (Ch.)

172 — Etretat.

LE BLANT

173 — L'Ecole des tambours.

Aquarelle.

LEGRAND (Louis)

174 — Le Baiser maternel.

Dessin.

LESCHIN

175 — La forêt enchantée.

MORRIS (Nicolas)

176 — Piqueur et meute sous bois.

PETITJEAN (E.)

177 — Paysage : Le village.

PILLE (Henri)

178 — Le Bois de la Saudraie, 1793.

SAINT ANDRÉ

179 — Branche de fleurs.

Dessin rehaussé.

180 — Sous ce numéro, environ quarante gravures diverses encadrées.

Sera divisé.

PORCELAINES, FAIENCES

181 — Paire de grandes potiches en faïence de Delft forme côtelée décor en bleu.

182 — Paire de grandes lampes en faïence japonaise monture en bronze frotté de style chinois.

183 — Deux plats en faïence de Castelli cadres en bois noir bordures à rinceaux.

184 — Plat en faïence italienne à sujet mythologique, cadre en bois.

185 — Plat en faience fond bleu à décor blanc cadre bois noir.

186 — Corbeille en faience italienne ajourée décorée de branches de fleurs en relief.

187 — Coffret en porcelaine à décor de fleurs et ornements dorés.

188 — Groupe en biscuit : Vénus et l'Amour.

189 — Paire de vases à couvercles en porcelaine de Saxe, décorés de médaillons à fleurs et paysages et de figures d'amours se détachant en ronde bosse.

190 — Vase en porcelaine de Chine, décoré de scènes familières et monté en candélabres à six lumières en bronze.

191 — Encrier en porcelaine de Nast blanche et or.

192 — Encrier en ancienne porcelaine de Paris blanche et or à figure d'amour.

193 — Coupe et bouteille forme gourde en faience décorée en relief.

194 — Trois vases en porcelaine de Sèvres à décors variés.

195 — Groupe en porcelaine : le Culte à l'Amour.

196 — Statuette d'homme coiffé d'un bonnet de fourrure en porcelaine.

197 — Paire de vase en porcelaine de Chine, décor bleu.

198 — Jardinière en porcelaine céladonnée bleu turquoise, monture en bronze. Style chinois.

199 — Paire de grands vases en porcelaine japonaise, décor de figures et paysages, montés en lampes.

200 — Vase à deux anses en poterie marocaine décorée.

201 — Jardinière en barbotine.

202 — Sous ce numéro : pots, vases, coupes, théières en porcelaine, faience et grès flammés.

Sera divisé.

OBJETS VARIÉS

203 — Trophée d'instruments de musique : vielle, mandoline, musette, flûtes, cor, violon.

204 — Deux panneaux décoratifs peints en grisaille sur fond noir à figures, ornements et oiseaux, cadres en chêne.

205 — Petit cabinet incrusté d'ivoire, XVIIe siècle.

206 — Coffret ancien en bois de placage garni de cuivre.

207 — Grand soufflet en bois sculpté à tête de faune.

208 — Quatre lanternes processionnelles en cuivre à figures d'anges.

209 — Encrier forme corbeille oblongue ajourée, godets à trépieds; argent allemand XVIIIe siècle.

210 — Petite jardinière ronde en argent, style Louis XVI, intérieur en verre bleu.

211 — Petite verseuse en argent d'époque Louis XVI.

212 — Flacon en cristal monture en argent.

213 — Boîte forme cœur en cuir renfermant une cassolette et six petits flacons.

214 — Légumier avec couvercle en métal argenté.

215 — Service à miettes en étain.

216 — Verseuse en étain à décor de poissons.

217 — Ceinture orientale.

218 — Treize petites consoles d'applique en bois doré.

219 — Tête de cerf naturalisé.

220 — Sous ce numéro : lot de coupes, plateau, vases en verre décoré.

Sera divisé.

RIDEAUX, TENTURES

TAPIS D'ORIENT

221 — Carré en ancien velours brodé de la Renaissance. Ecusson central aux attributs de la Justice.

222 — Couvre lit en étoffe brodée de fleurs, d'oiseaux et d'insectes.

223 — Carré en toile brodée orientale.

224-226 — Dix coussins en soie et broderies diverses.

227 — Décors de fenêtre, de porte et de baie composés chacun d'un bandeau et de deux pentes en damas rouge à dessin ton sur ton, galonné jaune.

228 — Deux décors de fenêtres ou de baies en velours brodé et applications.

229 — Six rideaux ou portières et accessoires en peluche et damas rouge.

230 — Deux rideaux de fenêtres en peluche bleue garnis de passementeries.

231 — Rideaux de lit et dessus de lit, peluche et soie bleue.

232 — Deux grandes portières en peluche rouge et applications.

233 — Rideaux de lit, dessus de lit, deux rideaux de fenêtres, deux portières en peluche bleue et satin prune

234 — Lot de tentures et décorations de peluche rouge et soie.

235 — Deux rideaux et deux portières en toile brodée de fleurs et oiseaux.

236 — Lot de stores et brise-bise en soie et en mousseline.

237 — Sous ce numéro, rideaux et tentures divers.

Sera divisé.

238 — Grande carpette d'Orient fond rouge.

239 — Grande carpette d'Orient fond brun à médaillon et bordure fond rouge.

240 — Carpette de Smyrne.

241 — Grande carpette orientale fond rouge, à large bordure fond bleu.

242 — Objets omis.

www.ingramcontent.com/pod-product-compliance
Ingram Content Group UK Ltd.
Pitfield, Milton Keynes, MK11 3LW, UK
UKHW020524180726
13839UKWH00005B/2289